Book Review

NAME: _____ **DATE:** _____

MyReading Log

TITLE	AUTHER	#OFPAGES
_____	_____	_____
_____	_____	_____
_____	_____	_____
_____	_____	_____
_____	_____	_____
_____	_____	_____
_____	_____	_____
_____	_____	_____
_____	_____	_____
_____	_____	_____
_____	_____	_____
_____	_____	_____

BOOK REVIEW

TITLE: _____

I THINK THE BOOK WAS:

GREAT   GOOD   OKEY   BAD

The book was about

Reviewed by:

_____

_____

date: _____

READIND RESPONSE

NAME : ....

TITLE OF BOOK :

....

Did you like this book?

The part i like best was:

notes

. . . .

. . . .

. . . .

. . . .

Rate the book name

Title of book

Write your option of the book

....

....

....

....

....

....

Draw your favorite part.

Would you
recommend
this book to others?

NAME: _____ **DATE:** _____

MyReading Log

TITLE	AUTHER	#OFPAGES
_____	_____	_____
_____	_____	_____
_____	_____	_____
_____	_____	_____
_____	_____	_____
_____	_____	_____
_____	_____	_____
_____	_____	_____
_____	_____	_____
_____	_____	_____
_____	_____	_____
_____	_____	_____
_____	_____	_____

BOOK REVIEW

TITLE: _____

I THINK THE BOOK WAS:

GREAT   GOOD   OKEY   BAD

The book was about

Reviewed by:

----

date: -----------------------------

READIND RESPONSE

NAME : ....

TITLE OF BOOK :

....

Did you like this book?

The part i like best was:

notes

. . . .

. . . .

. . . .

. . . .

Rate the book name

Title of book

Write your option of the book

....

....

....

....

....

....

....

Draw your favorite part.

Would you recommend this book to others?

NAME:_____ DATE:_____

MyReading Log

TITLE   AUTHER   #OFPAGES

_____

_____

_____

_____

_____

_____

_____

_____

_____

_____

_____

_____

_____

_____

BOOK REVIEW

TITLE: _____

I THINK THE BOOK WAS:

😀 😊 😐 ☹️

GREAT   GOOD   OKEY   BAD

The book was about

Reviewed by:

----

date: ---------------------------

READIND RESPONSE

NAME : ....

TITLE OF BOOK :

....

Did you like this book?

The part i like best was:

notes

. . . .

. . . .

. . . .

. . . .

Rate the book name

Title of book

Write your option of the book

....

....

....

....

....

....

....

Draw your favorite part.

Would you
recommend
this book to others?

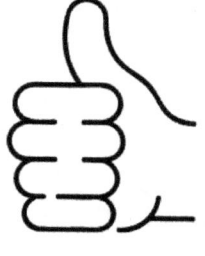 

NAME:_____ DATE:_____

MyReading Log

TITLE   AUTHER   #OFPAGES

BOOK REVIEW

TITLE: --

I THINK THE BOOK WAS:

GREAT   GOOD   OKEY   BAD

The book was about

Reviewed by:

----

date: ----------------------------

READIND RESPONSE

NAME : ....

TITLE OF BOOK :

....

Did you like this book?

The part i like best was:

notes

. . . .

. . . .

. . . .

. . . .

Rate the book name

Title of book

Write your option of the book

....

....

....

....

....

....

Draw your favorite part.

Would you
recommend
this book to others?

NAME:_____ DATE: _____

MyReading Log

TITLE	AUTHER	#OFPAGES
_____	_____	_____
_____	_____	_____
_____	_____	_____
_____	_____	_____
_____	_____	_____
_____	_____	_____
_____	_____	_____
_____	_____	_____
_____	_____	_____
_____	_____	_____
_____	_____	_____
_____	_____	_____
_____	_____	_____

BOOK REVIEW

TITLE: _____

I THINK THE BOOK WAS:

GREAT   GOOD   OKEY   BAD

The book was about

Reviewed by:

----

date: ---------------------------

READIND RESPONSE

NAME : ....

TITLE OF BOOK :

....

Did you like this book?

The part i like best was:

notes

. . . .

. . . .

. . . .

. . . .

Rate the book name

Title of book

Write your option of the book

....

....

....

....

....

....

....

Draw your favorite part.

Would you recommend this book to others?

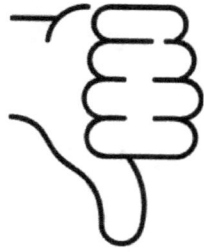

NAME:_____ DATE:_____

MyReading Log

TITLE	AUTHER	#OFPAGES

BOOK REVIEW

TITLE: --

I THINK THE BOOK WAS:

GREAT   GOOD   OKEY   BAD

The book was about

Reviewed by:

----

date: ----------------------------

READIND RESPONSE

NAME : ....

TITLE OF BOOK :

....

Did you like this book?

The part i like best was:

notes

. . . .

. . . .

. . . .

. . . .

Rate the book name

Title of book

Write your option of the book

....
....
....
....
....
....

Draw your favorite part.

Would you recommend this book to others?

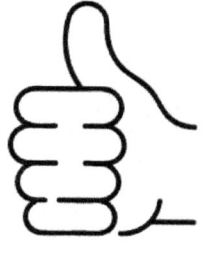

NAME: _____ **DATE:** _____

MyReading Log

TITLE	AUTHER	#OFPAGES

BOOK REVIEW

TITLE: _____

I THINK THE BOOK WAS:

GREAT   GOOD   OKEY   BAD

The book was about

Reviewed by:

----

date: ----------------------------

READIND RESPONSE

NAME : ....

TITLE OF BOOK :

....

Did you like this book?

The part i like best was:

notes

. . . .

. . . .

. . . .

. . . .

Rate the book name

Title of book

Write your option of the book

....

....

....

....

....

....

Draw your favorite part.

Would you recommend this book to others?

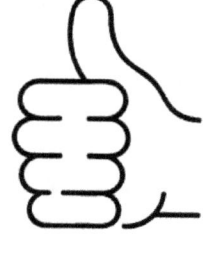

NAME: _____ **DATE:** _____

MyReading Log

TITLE	AUTHER	#OFPAGES
_____	_____	_____
_____	_____	_____
_____	_____	_____
_____	_____	_____
_____	_____	_____
_____	_____	_____
_____	_____	_____
_____	_____	_____
_____	_____	_____
_____	_____	_____
_____	_____	_____
_____	_____	_____
_____	_____	_____

BOOK REVIEW

TITLE: _____

I THINK THE BOOK WAS:

GREAT   GOOD   OKEY   BAD

The book was about

Reviewed by:

----

date: ----------------------------

READIND RESPONSE

NAME : ....

TITLE OF BOOK :

....

Did you like this book?

The part i like best was:

notes

. . . .

. . . .

. . . .

. . . .

Rate the book name

Title of book

Write your option of the book

....
....
....
....
....
....

Draw your favorite part.

Would you
recommend
this book to others?

NAME:_____ DATE:_____

MyReading Log

TITLE   AUTHER   #OFPAGES

BOOK REVIEW

TITLE: _____

I THINK THE BOOK WAS:

GREAT   GOOD   OKEY   BAD

The book was about

_____

_____

_____

_____

_____

Reviewed by:

_____

_____

date: _____

READIND RESPONSE

NAME : ....

TITLE OF BOOK :

....

Did you like this book?

The part i like best was:

notes

. . . .

. . . .

. . . .

. . . .

Rate the book name

Title of book

Write your option of the book

....

....

....

....

....

....

Draw your favorite part.

Would you recommend this book to others?

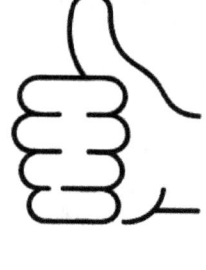 

NAME:_____ DATE:_____

MyReading Log

TITLE   AUTHER   #OFPAGES

_____ _____ _____
_____ _____ _____
_____ _____ _____
_____ _____ _____
_____ _____ _____
_____ _____ _____
_____ _____ _____
_____ _____ _____
_____ _____ _____
_____ _____ _____
_____ _____ _____
_____ _____ _____
_____ _____ _____

BOOK REVIEW

TITLE: _____

I THINK THE BOOK WAS:

GREAT   GOOD   OKEY   BAD

The book was about

_____

_____

_____

_____

_____

Reviewed by:

_____

_____

date: -------------------------

READIND RESPONSE

NAME : ....

TITLE OF BOOK :

....

Did you like this book?

The part i like best was:

notes

. . . .

. . . .

. . . .

. . . .

Rate the book name

Title of book

Write your option of the book

....

....

....

....

....

....

Draw your favorite part.

Would you recommend this book to others?

NAME:_____ DATE:_____

MyReading Log

TITLE	AUTHER	#OFPAGES
_____	_____	_____
_____	_____	_____
_____	_____	_____
_____	_____	_____
_____	_____	_____
_____	_____	_____
_____	_____	_____
_____	_____	_____
_____	_____	_____
_____	_____	_____
_____	_____	_____
_____	_____	_____

BOOK REVIEW

TITLE: _____

I THINK THE BOOK WAS:

GREAT   GOOD   OKEY   BAD

The book was about

Reviewed by:

----

date: ----------------------------

READIND RESPONSE

NAME : ....

TITLE OF BOOK :

....

Did you like this book?

The part i like best was:

notes

. . . .

. . . .

. . . .

. . . .

Rate the book name

Title of book

Write your option of the book

....

....

....

....

....

....

Draw your favorite part.

Would you
recommend
this book to others?

NAME: _____ **DATE:** _____

MyReading Log

TITLE	AUTHER	#OFPAGES

BOOK REVIEW

TITLE: _____

I THINK THE BOOK WAS:

GREAT   GOOD   OKEY   BAD

The book was about

Reviewed by:

_____

_____

date: ----------------------

READIND RESPONSE

NAME : ....

TITLE OF BOOK :

....

Did you like this book?

The part i like best was:

notes

· ·

· ·

· ·

· ·

Rate the book name

Title of book

Write your option of the book

....
....
....
....
....
....
....

Draw your favorite part.

Would you recommend this book to others?

NAME: _____ **DATE:** _____

MyReading Log

TITLE	AUTHER	#OFPAGES
_____	_____	_____
_____	_____	_____
_____	_____	_____
_____	_____	_____
_____	_____	_____
_____	_____	_____
_____	_____	_____
_____	_____	_____
_____	_____	_____
_____	_____	_____
_____	_____	_____

BOOK REVIEW

TITLE: _____

I THINK THE BOOK WAS:

GREAT   GOOD   OKEY   BAD

The book was about

Reviewed by:

----

date: ----------------------------

READIND RESPONSE

NAME : ....

TITLE OF BOOK :

....

Did you like this book?

The part i like best was:

notes

. . . .

. . . .

. . . .

. . . .

Rate the book name

Title of book

Write your option of the book

....

....

....

....

....

....

Draw your favorite part.

Would you recommend this book to others?

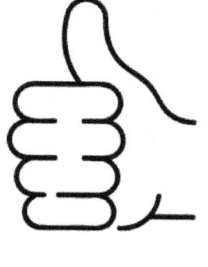
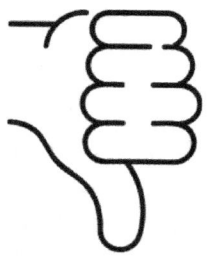

NAME: _____ **DATE:** _____

MyReading Log

TITLE	AUTHER	#OFPAGES
_____	_____	_____
_____	_____	_____
_____	_____	_____
_____	_____	_____
_____	_____	_____
_____	_____	_____
_____	_____	_____
_____	_____	_____
_____	_____	_____
_____	_____	_____
_____	_____	_____
_____	_____	_____
_____	_____	_____

BOOK REVIEW

TITLE: _____

I THINK THE BOOK WAS:

GREAT   GOOD   OKEY   BAD

The book was about

Reviewed by:

      ----

date: ----------------------------

READIND RESPONSE

NAME : ....

TITLE OF BOOK :

....

Did you like this book?

The part i like best was:

notes

. . . .

. . . .

. . . .

. . . .

Rate the book name

Title of book

Write your option of the book

....

....

....

....

....

....

....

Draw your favorite part.

Would you
recommend
this book to others?

NAME:_____ DATE:_____

MyReading Log

TITLE   AUTHER   #OFPAGES

_____ _____ _____

_____ _____ _____

_____ _____ _____

_____ _____ _____

_____ _____ _____

_____ _____ _____

_____ _____ _____

_____ _____ _____

_____ _____ _____

_____ _____ _____

_____ _____ _____

_____ _____ _____

BOOK REVIEW

TITLE: _____

I THINK THE BOOK WAS:

GREAT   GOOD   OKEY   BAD

The book was about

Reviewed by:

----

date: ----------------------------

READIND RESPONSE

NAME : ....

TITLE OF BOOK :

....

Did you like this book?

The part i like best was:

notes

. . . .

. . . .

. . . .

. . . .

Rate the book name

Title of book

Write your option of the book

....

....

....

....

....

....

....

Draw your favorite part.

Would you
recommend
this book to others?

NAME: _____ **DATE:** _____

MyReading Log

TITLE	AUTHER	#OFPAGES

BOOK REVIEW

TITLE: _____

I THINK THE BOOK WAS:

GREAT   GOOD   OKEY   BAD

The book was about

_____

_____

_____

_____

_____

Reviewed by:

_____

_____

date: _____

READIND RESPONSE

NAME : ....

TITLE OF BOOK :

....

Did you like this book?

The part i like best was:

notes

. . . .

. . . .

. . . .

. . . .

Rate the book name

Title of book

Write your option of the book

Draw your favorite part.

Would you recommend this book to others?

NAME:_____ DATE:_____

MyReading Log

TITLE	AUTHER	#OFPAGES

BOOK REVIEW

TITLE: _____

I THINK THE BOOK WAS:

GREAT   GOOD   OKEY   BAD

The book was about

Reviewed by:

----

date: ----------------------------

READIND RESPONSE

NAME : ....

TITLE OF BOOK :

....

Did you like this book?

The part i like best was:

notes

. . . .
. . . .
. . . .
. . . .

Rate the book name

Title of book

Write your option of the book

Draw your favorite part.

Would you recommend this book to others?

NAME:_____DATE:_____

MyReading Log

TITLE   AUTHER   #OFPAGES

_____   _____   _____
_____   _____   _____
_____   _____   _____
_____   _____   _____
_____   _____   _____
_____   _____   _____
_____   _____   _____
_____   _____   _____
_____   _____   _____
_____   _____   _____
_____   _____   _____

BOOK REVIEW

TITLE: _____

I THINK THE BOOK WAS:

GREAT   GOOD   OKEY   BAD

The book was about

Reviewed by:

----

date: ----------------------------

READIND RESPONSE

NAME : ....

TITLE OF BOOK :

....

Did you like this book?

The part i like best was:

notes

. . . .

. . . .

. . . .

. . . .

Rate the book name

Title of book

Write your option of the book

Draw your favorite part.

Would you recommend this book to others?

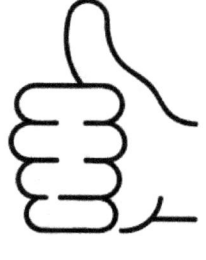

NAME:_____ DATE:_____

MyReading Log

TITLE	AUTHER	#OFPAGES

BOOK REVIEW

TITLE: _____

I THINK THE BOOK WAS:

GREAT   GOOD   OKEY   BAD

The book was about

Reviewed by:

          ----

date: ----------------------------

READIND RESPONSE

NAME : ....

TITLE OF BOOK :

....

Did you like this book?

The part i like best was:

notes

. . . .

. . . .

. . . .

. . . .

Rate the book name

Title of book

Write your option of the book

....

....

....

....

....

....

....

Draw your favorite part.

Would you recommend this book to others?

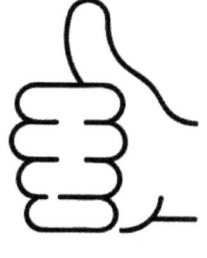

NAME:_____**DATE:**_____

MyReading Log

TITLE	AUTHER	#OFPAGES
_____	_____	_____
_____	_____	_____
_____	_____	_____
_____	_____	_____
_____	_____	_____
_____	_____	_____
_____	_____	_____
_____	_____	_____
_____	_____	_____
_____	_____	_____
_____	_____	_____

BOOK REVIEW

TITLE: --

I THINK THE BOOK WAS:

GREAT   GOOD   OKEY   BAD

The book was about

Reviewed by:

----

date: ----------------------------

READIND RESPONSE

NAME : ....

TITLE OF BOOK :

....

Did you like this book?

The part i like best was:

notes

. . . .

. . . .

. . . .

. . . .

Rate the book name

Title of book

Write your option of the book

....

....

....

....

....

....

....

Draw your favorite part.

Would you recommend this book to others?

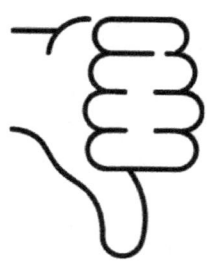

NAME: _____ **DATE:** _____

MyReading Log

TITLE	AUTHER	#OFPAGES

BOOK REVIEW

TITLE: --

I THINK THE BOOK WAS:

GREAT   GOOD   OKEY   BAD

The book was about

Reviewed by:

----

date: -----------------------

READIND RESPONSE

NAME : ....

TITLE OF BOOK :

....

Did you like this book?

The part i like best was:

notes

. . . .

. . . .

. . . .

. . . .

Rate the book name

Title of book

Write your option of the book

Draw your favorite part.

Would you recommend this book to others?

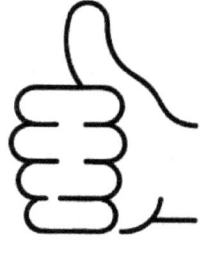

NAME:_____ DATE:_____

MyReading Log

TITLE AUTHER #OFPAGES

_____ _____ _____

_____ _____ _____

_____ _____ _____

_____ _____ _____

_____ _____ _____

_____ _____ _____

_____ _____ _____

_____ _____ _____

_____ _____ _____

_____ _____ _____

_____ _____ _____

_____ _____ _____

BOOK REVIEW

TITLE: _____

I THINK THE BOOK WAS:

GREAT   GOOD   OKEY   BAD

The book was about

Reviewed by:

      ----

date: ----------------------------

READIND RESPONSE

NAME : ....

TITLE OF BOOK :

....

Did you like this book?

The part i like best was:

notes

. . . .

. . . .

. . . .

. . . .

Rate the book name

Title of book

Write your option of the book

....

....

....

....

....

....

....

Draw your favorite part.

Would you
recommend
this book to others?

NAME:_____ **DATE:**_____

MyReading Log

TITLE	AUTHER	#OFPAGES
_____	_____	_____
_____	_____	_____
_____	_____	_____
_____	_____	_____
_____	_____	_____
_____	_____	_____
_____	_____	_____
_____	_____	_____
_____	_____	_____
_____	_____	_____
_____	_____	_____
_____	_____	_____

BOOK REVIEW

TITLE: _____

I THINK THE BOOK WAS:

GREAT   GOOD   OKEY   BAD

The book was about

Reviewed by:

----

date: ----------------------

READIND RESPONSE

NAME : ....

TITLE OF BOOK :

....

Did you like this book?

The part i like best was:

notes

. . . .

. . . .

. . . .

. . . .

Rate the book name

Title of book

Write your option of the book

....

....

....

....

....

....

....

Draw your favorite part.

Would you
recommend
this book to others?

NAME: _____ **DATE:** _____

MyReading Log

TITLE	AUTHER	#OFPAGES

BOOK REVIEW

TITLE: _____

I THINK THE BOOK WAS:

GREAT   GOOD   OKEY   BAD

The book was about

Reviewed by:

----

date: ----------------------------

READIND RESPONSE

NAME : ....

TITLE OF BOOK :

....

Did you like this book?

The part i like best was:

notes

. . . .

. . . .

. . . .

. . . .

Rate the book name

Title of book

Write your option of the book

······································

······································

······································

······································

······································

······································

Draw your favorite part.

Would you recommend this book to others?

NAME:_____ DATE:_____

MyReading Log

TITLE   AUTHER   #OFPAGES

_____ _____ _____
_____ _____ _____
_____ _____ _____
_____ _____ _____
_____ _____ _____
_____ _____ _____
_____ _____ _____
_____ _____ _____
_____ _____ _____
_____ _____ _____
_____ _____ _____
_____ _____ _____
_____ _____ _____

BOOK REVIEW

TITLE: _____

I THINK THE BOOK WAS:

GREAT   GOOD   OKEY   BAD

The book was about

Reviewed by:

        ----

date: ------------------------

READIND RESPONSE

NAME : ....

TITLE OF BOOK :

....

Did you like this book?

The part i like best was:

notes

. . . .

. . . .

. . . .

. . . .

Rate the book name

Title of book

Write your option of the book

....

....

....

....

....

....

....

Draw your favorite part.

Would you
recommend
this book to others?

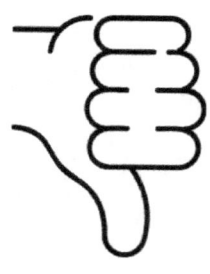

NAME:_____ DATE:_____

MyReading Log

TITLE   AUTHER   #OFPAGES

_____ _____ _____
_____ _____ _____
_____ _____ _____
_____ _____ _____
_____ _____ _____
_____ _____ _____
_____ _____ _____
_____ _____ _____
_____ _____ _____
_____ _____ _____
_____ _____ _____

BOOK REVIEW

TITLE: _____

I THINK THE BOOK WAS:

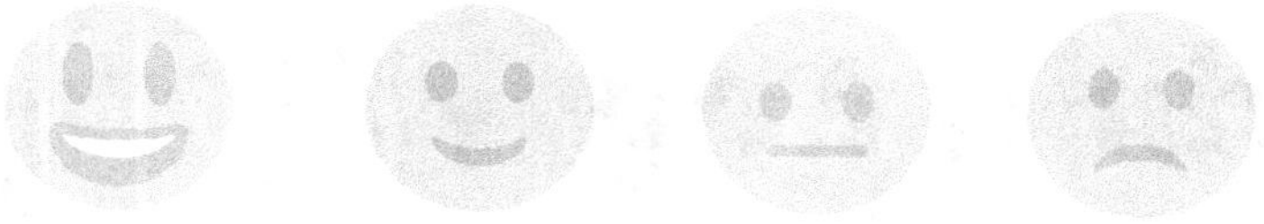

GREAT   GOOD   OKEY   BAD

The book was about

_____

_____

_____

_____

_____

Reviewed by:

_____

_____

date: _____

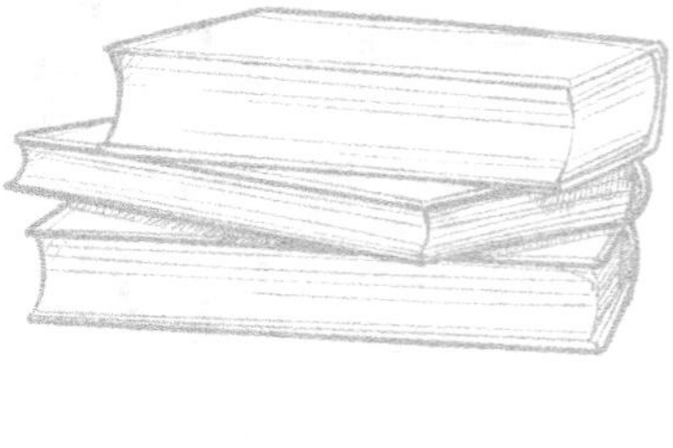

READIND RESPONSE

NAME : ....

TITLE OF BOOK :

....

Did you like this book?

The part i like best was:

notes

· ·

· ·

· ·

· ·

Rate the book name

Title of book

Write your option of the book

· ·

· ·

· ·

· ·

· ·

· ·

Draw your favorite part.

Would you recommend this book to others?

NAME: _____ **DATE:** _____

MyReading Log

TITLE	AUTHER	#OFPAGES
_____	_____	_____
_____	_____	_____
_____	_____	_____
_____	_____	_____
_____	_____	_____
_____	_____	_____
_____	_____	_____
_____	_____	_____
_____	_____	_____
_____	_____	_____
_____	_____	_____
_____	_____	_____

BOOK REVIEW

TITLE: _____

I THINK THE BOOK WAS:

GREAT   GOOD   OKEY   BAD

The book was about

Reviewed by:

----

date: --------------------------

READIND RESPONSE

NAME : ....

TITLE OF BOOK :

....

Did you like this book?

The part i like best was:

notes

. . . .

. . . .

. . . .

. . . .

Rate the book name

Title of book

Write your option of the book

....

....

....

....

....

....

....

Draw your favorite part.

Would you recommend this book to others?

Just one more

Chapter

Thank you!

We hope you enjoyed our book.

As a small family company, your feedback is very important to us .

Please let us know how you like our book at :

pickme.readme@gmail.com

www.ingramcontent.com/pod-product-compliance
Lightning Source LLC
Chambersburg PA
CBHW081337120626
46546CB00011B/3383